José M. Pérez Vázquez

Sentimientos humanistas

José M. Pérez Vázquez

Sentimientos humanistas

Cuando las hojas caen sobre tus pies descalzos

JustFiction Edition

Imprint
Any brand names and product names mentioned in this book are subject to trademark, brand or patent protection and are trademarks or registered trademarks of their respective holders. The use of brand names, product names, common names, trade names, product descriptions etc. even without a particular marking in this work is in no way to be construed to mean that such names may be regarded as unrestricted in respect of trademark and brand protection legislation and could thus be used by anyone.

Cover image: www.ingimage.com

Publisher:
JustFiction! Edition
is a trademark of
Dodo Books Indian Ocean Ltd., member of the OmniScriptum S.R.L Publishing group
str. A.Russo 15, of. 61, Chisinau-2068, Republic of Moldova Europe
Printed at: see last page
ISBN: 978-620-3-57609-2

Sentimientos Humanistas

1. Soledad.

Viene a conocerte una noche o un día

te seduce y se irá, piensas...

Te engaña cuando vuelve y crece.

Se puede quedar en ti temporalmente o para siempre.

A tu lado, nunca te abandona, si quieres.

Rebelde resiste tus días y tus noches.

Inmensa, no tiene límites, literalmente igual no existe.

Has escuchado hablar sobre ella, pero no la sientes, hasta que te abraza

y te envuelve en su tristeza, te sujeta, y te sueltas porque...

no conoces sus intenciones, ni sus metas, si sus sensaciones, por eso la retas.

No tiene fronteras, es negra y blanca, roja a veces, azul y verde.

Es rica cuando quiere y pobre cuando quieren.

Es diferente, es una artista ambiciosa

te consume si quieres, también si quieren.

Es cómplice en la indiferencia de las miradas

si puedes controlarla te dará vida y te hará fuerte.

Huele a rosas cuando paseando a su lado

sientes que el mundo puede ser diferente.

Nadie la ve y está a la vista, es compartida.

Se percibe mal, cuando huele a mísera.

Se siente dentro, pero está fuera.

Entendí, sin querer, que cambió vidas.

Queriendo tus días, muriendo en mis noches.

Se retira de una forma sutil

cuando siente calor, es efímera.

Siempre es fría cuando es eterna.

Se cobijó incrédula cuando me acariciaste.

Cuando me besaste se rompió en pedazos.

Esos pedazos se convirtieron en mi esencia

en mi libertad, en mi solidaridad

en mi lealtad, en mi amor

para entregártelos a ti...

2. Sinceridad.

Necesito dilucidar con sinceridad

porque la pasión de tu amor

invade todos mis sentimientos.

Siento que llega el otoño

porque el brillo color

café de tus ojos

invade todos mis sentidos.

E hiberno en tu verano austral.

En tu piel caliente de cielo tan tersa.

Y despierto con tu sonrisa

en tus noches blancas.

En tu inverno vivo.

Donde el frío de tus enfados

son siempre dulces y tórridos.

Cuando te tomo de la mano con amor

comienza en tu sinceridad la primavera.

Te pones mimosa y me abres tu corazón

al sentir que no tiene estaciones mi amor.

Si te amo es

no cuando quiero

ni de vez en cuando

no cuanto estoy de necesitado

no si estoy condicionado

menos si estoy arrebatado

cuando constantemente te estoy amando.

Y cambio todos los segundos

de mi vida, a tu lado.

Entre tus labios

en tus pechos.

Por los que vendrán contigo

en nuestro bosque

rodeados de sabios.

Donde nunca fui

un pasajero para amarte.

Cuando tus dedos dejan

huella de laberinto.

Me despiertas con ganas de

sueños por tu atino

es cuando siento que

eres la dueña de mi destino.

E hiberno en la honestidad

de tu piel de luna brillante.

Y muerdo tu boca de cereza roja.

En tus noches, en tus estímulos

donde lo extraordinario es sencillo.

Cuando el lunes lo conviertes en viernes.

Te tomo de la mano con sinceridad

comienzas el sábado con determinación.

Te sientes mimosa, me abres tu corazón

al sentir que no tiene estaciones mi amor.

Si te adoro es

porque tienes el arte

para vestirme de artista.

El corazón lleno de pureza

para hacerme sentir poeta
y entender lo que deseas
aunque no se lo sea.
Te amaré porque sé
que nunca estarás quieta.
Solo cuando mis dedos
acarician tu espalda
sientes la paz que deseabas.
Y las nubes que amenazan agua
desaparecen de tu mirada.
Te amaré porque
te tengo dentro mí.
Atrapada con mí sangre.
Que naufraga en
búsqueda de oxígeno
en la profundidad
de tu alma.
Te amo porque
acepto tu invitación
a vivir, a escribir
en un folio blanco
los sueños, los retos, los duelos

que faltan entre tú y yo

en un Kama Sutra

sin aflicción.

<u>3. Eres una estrella.</u>

Eres una estrella porque tu luz llega a todos los planetas

aunque no te lo creas, eres la más bella.

Los niños se quedan asombrados con tu resplandor

las niñas acarician tu brillo cuando pasean a tu alrededor.

En este mundo tan superficial no eres una estrella fugaz

que ha llegado a la tierra por casualidad.

Eres una estrella porque con tu fuerza has conseguido

aunque no te lo creas, que muchos niños pudieran tener educación.

En este mundo tan vulnerable no eres una estrella fugaz

llegaste a esta tierra para regalar libertad.

Eres una estrella, porque tu paz es inmensa

aunque no te lo creas, has impuesto tregua en muchas guerras.

El dolor y la depresión, tú los curas con mucho amor.

La pereza y la indolencia no le pueden ganar la batalla a tu firmeza.

En este mundo tan inhumano, no eres una estrella fugaz

creciste en esta tierra para poner tu sello de humildad.

Eres una estrella, porque tu valor es imprescindible

aunque no lo entiendas, necesitamos tu fortaleza.

A la debilidad, a la mediocridad, la suples con tu originalidad

a la indiferencia, le restas la diferencia, le sumas nobleza.

En este mundo tan injusto, no eres una estrella fugaz

llegaste a este planeta para darle tu toque de humanidad.

Eres mi estrella, porque cuando me haces el amor veo la aurora boreal.

Eres mi estrella, porque tu amor cambió mis esperanzas.

Aunque no te lo creas necesito tu cariño, tu abrigo.

Se abre a ti, cada día, mi corazón

como un telón, con una alfombra roja a tus pies.

Para que entres caminando tranquila

a mi mundo interior, para que sientas

que mi felicidad, mi alegría, existen porque eres mía.

En mi vida no eres una estrella fugaz

estas en mi corazón para hacerlo brillar

y yo en el tuyo, para siempre los dos en la eternidad.

4. Tiempo.

Pasó el tiempo, y de repente, tenemos diez años más

menos para vivir, pero cuando me besas así

qué importancia tienen los minutos

si en cada segundo me haces inmortal.

Pasó la vida, y de repente, parece que todo sigue igual

pero no hemos vuelto a ser una hoja caduca

que cae en una hoja perenne

sobre el árbol plantado en medio de la felicidad.

Así que sentí, que tenía que incendiar mi vida

para amarte, sin quemar tu deseo

jugué con tu cuerpo, hasta derretirte

sobre tu piel, fui el sol que secó tu rio de desilusión.

De un día sin nombre, hiciste el mejor día de mi vida.

En la oscuridad de mi alma, sin temor, entraste

profanaste mi sueño, abriste mis ojos

para que la vida me mirase de forma diferente.

Así que decidí prenderle fuego a tu vida

para amarme, sin quemar mi deseo

jugaste con mi piel, hasta saciarte

tus huellas fueron mi sueño convertido en realidad.

Del sendero al camino, del paseo al malecón.

El viento cálido despeina tu cabello

hacia la ola que rompe en tus piernas

la brisa suave de tus besos azota mi revolución.

En la ciudad sin corazón

tu claridad amaneció en mi abismo.

Tu silencio durmió mi cobardía.

Tu ausencia es mí letanía.

Tu abrazo es la espada

que atraviesa mi coraza de guerrero

que mata mi fragilidad inmensa.

Tu amor la convierte en serenidad extensa.

Así que decidí incendiar mi vida

con tu libertad, busqué la mía.

Un fuego se apagó, en medio del incendio

como siempre, el miedo, se impuso al deseo.

Así que decidí incendiar mi vida

con la paz de tu alma

que es una catarata de amor

que cae sobre mi corazón.

Que calma mi muerte

de estar un año

sin poder verte.

5. Sensibilidad.

Tengo el honor de dudar de la vida

porque para mí no había nada.

Nada hay para mí, tú mi amada

eres toda mi luz esclarecida.

Eres energía que fortalece
sol de medianoche eres libertad
un horizonte de sensibilidad
lágrima dulce que nadie merece.
En tus labios un amor sin rutina
sin censura en tu corazón vivo
como luz pura, tú, en mi retina.
Ahora que me alejo de mi mar
un fado le cantas a mi verdad
no te mueras ahí vive mi amar.

6. Melancolía.

Todo se lo ha llevado el tiempo
no ha dejado nada
ni el mural de la alegría
ni el muro de la desgracia
ni el nervio, ni la calma
ni la espada, ni la batalla
ni el frío, ni el escalofrío
tampoco las sonrisas falsas.
Todo se lo ha llevado el tiempo
todo me lo ha arrebatado
todo menos el amor

que por ti siento.

¡Qué sabio es el tiempo!

Pasamos las horas juntos

conectados por la mente.

El reflejo de tu pensamiento

ilustra las ideas a mi corazón.

Infinita es tu belleza

e infinito es mi amor.

Como tu boca con su sabor

como mis ojos sin temor.

El espejo en que me miro no es tan falso

como el cristal que rompió el tiempo.

Todo se lo ha llevado el tiempo

no ha dejada nada

ni la vida rutinaria, ni la muerte atrapada

ni las mentiras, ni las medias verdades

ni el rencor, ni el odio

ni el presente, ni el pasado

tampoco los gritos ordinarios.

Todo se lo ha llevado el tiempo

no ha dejado nada

ni la malicia, ni la cobardía

ni la injusticia , ni la justicia

ni la desigualdad, ni la resignación

ni la desidia, ni la vulgaridad

ni el olvido, ni el perdón

tampoco la impotencia de la frustración.

Juntos pasamos el tiempo

conectados por la mente.

El reflejo de tu corazón ilustra

las ideas a mi pensamiento.

Infinita es tu belleza.

E infinito es mi amor.

Como tu boca sin temor.

Como mis ojos sin rencor.

Todo se lo ha llevado el tiempo

no ha dejado nada

ni la amargura salada

ni la tristeza endulzada

ni la angustia, ni la murria

ni el éxito, ni el fracaso

ni la pena, ni la tristeza

tampoco la maldita pereza.

Todas las palabras han perdido

su significado, todas menos

¡Tu amor! Que viaja en el tren

desde mis pies, por mi espalda, hasta mi frente

entras por el túnel sin salida de mi mente.

Todo se lo ha llevado el tiempo

no ha dejado nada

ni los colores de las banderas

ni el precipicio de la ideas

ni el temor, ni la intolerancia

ni el saber, ni la ignorancia

ni la excusa, ni el reclamo

tampoco las manías, ni el bálsamo.

Todo se lo ha llevado el tiempo

no ha dejado nada

ni las discusiones, ni los discursos

ni el egoísmo, ni la manipulación

ni el machismo, ni la tradición

ni el lloro, ni la marginación

ni la pena, ni la vergüenza

tampoco la más dulce condena.

Todo se lo ha llevado el tiempo

no ha dejado nada

ni el antónimo de imaginación

ni el sinónimo de revolución

ni la ira, ni el desprecio

ni el valiente, ni el cobarde

ni el castigo, ni los abusos

tampoco los besos obtusos.

Todo se lo ha llevado el tiempo

todo me lo ha arrebatado

todo menos el amor

que por ti siento.

¡Qué sabio es el tiempo!

Que nos unió en ese preciso momento.

7. El significado.

El graznido de las gaviotas ya no se escucha

aunque la mar está hoy más brava que nunca

la estación de autobús está vacía

como un teatro sin decorado

el telón cae desconsolado

la gente no aplaude

duerme el silencio

y me despierta.

Todas las palabras han perdido su significado

todas menos, el amor, que siento por tu forma de ser.

La dignidad muere con la belleza.

La creencia no es una ofensa

y la ofensa es una creencia..

Como la vergüenza que siento por existir

ahora que estoy a punto de partir

todas mis palabras pierden el significado.

Su significado.

Todas menos, menos una.

Mi amor entregado

a tu corazón ahora desconsolado.

Tu amor es el único significado

que puedo comprender

no razonar y amar.

Un anciano toca una guitarra de rock

con acordes flamencos

me da una propina

al hacerme sonreír.

Una mujer me pregunta:

¿Qué harías si fueras maltratado como yo lo fui?

Levanta la mirada.

La mirada de una niña que no puede responder.
Porque de la mano la tienen cogida con poder.
Todas las palabras están perdiendo su significado.
Todas las palabras han perdido su significado.
Tu sombrero lo acomodaste en mi cabeza
y una sopa de letras se creó dentro.
Al leer las letras de mi pensamiento
roma estaba escrito al revés.
¡Amor fue tu descubrimiento!
Por eso ahora todas las palabras
y todas las cosas pierden su significado.
Solo, solo tu amor tiene el significado correcto
para cerrar la página del pasado
y empezar a escribir un libro nuevo.
Que el amor convierta las heridas
en una felicidad indefinida.
Las guerras han dejado de existir
porque el significado de tu amor
ha extraído las balas de mi raíz.
Deja que por la grieta de la cicatriz
la luz de tu amor me vuelva ciego.
Hazme ver lo que tú ves

puede ser que este ciego.

Pero ciego de miedo, no lo creo

ciego de amor más bien

o ciego puede ser mi pensamiento.

Hazme ver lo que tú ves

puede ser que esté ciego.

Pero ciego de dejadez, no lo creo

ciego de ilusión más bien

o ciego puede ser mi enamoramiento.

Hazme entender el significado

del sufrimiento que siento.

Al no tener tu piel.

Tu piel de maga romántica

enlazada todavía en el casamiento.

Hazme ver la facilidad, la simplicidad

con la que acostumbras a ver.

Puede ser que este ciego.

¡Ciego temporal! o ¿ciego de asolamiento?

No lo creo, solo ciego por amar

la belleza de tu conocimiento.

Hazme ver como yo te haría ver

que hay muchas verdades

pero solo una es cierta.

Te pido perdón.

Por haberte fallado, no te miento

ahora entiendo tu razonamiento.

Pero más ciego y loco me voy a volver

si siento que te estoy perdiendo.

Todas las palabras

todas las cosas

pierden su significado

por no tenerte a mi lado.

Todo, menos el amor que por ti siento.

Más seguiré siendo ciego por enamoramiento.

Estoy ciego por tu paz.

Estoy ciego en mi guerra.

Más ciego me vuelvo

cuando me interno

en la tregua del trémolo

de tu sexo, ciego…ciego…

me vuelvo cuando me entrego a tu deseo.

Estoy y no estoy, pero si sabré donde estaré

en ninguna parte, que no forme parte de tu piel.

8. Soñar.

El olor del atlántico entra por la ventana

como un perfume no diseñado en tu piel.

Como un amanecer sin prisas en ese hotel

como esa tranquilidad no esperada.

¿Qué tiene tu fragancia?

Que por mi vida se ha quedado impregnada.

El sonido de la lluvia en el cristal

como un reloj de agua en tu mirada.

Como esa noche en San Andrés romántica

como ese sosiego no esperado.

¿Qué tiene tu amor?

Que en mi corazón se quedó impregnado.

Soñar para querer cuidarte y al dormir

despertar para comprender tu belleza.

Entender porque estas a mi lado

como un sueño que siempre he deseado.

Sueño cuando el silencio de tu plenitud

como una bajamar de caricias, me calma.

Como una pleamar de felicidad, me inunda

como una marejada de enfados, me destroza.

¿Qué tiene tu amor?

Que se ha quedado impregnado en mi corazón.

Las olas rompen, sobre el cristal del coche

como una postal, no esperada, de gotas de agua.

Como los lunares de tu piel, diseñados por mis lágrimas

como tu entusiasmo que veta mi melancolía.

¿Qué tiene tu alegría?

Que siempre está en contra de mi triste melodía.

Son sueños pero nunca había soñado

que una mujer fuera tan exacta

para encajar dentro de mi alma.

El sol realza el verde intenso de las fragas que ilumina

como un reflejo la geometría perfecta de tu silueta.

Como la rama que cae del suelo a tus pies

como una vida que despega al cielo de la intensidad de tu mirada.

¿Que tienen tus ojos?

Que por los deseos de mis sueños se quedaron impregnados.

¿Qué tienes?

Que siempre dentro mi estás

como una flor que nace en las rocas.

Como un dilema sin dudas malas

como una certeza matemática.

Como un sueño muy deseado

como un despertar soñado

al escuchar tu risa me contagio.

¿Qué tiene tu sonrisa?

Que por mi vida se ha quedado impregnada.

Como una depresión curada a carcajadas

como una manifestación a favor de la alegría.

Como un baile en contra de la tristeza.

Soñar para amarte y al amarte

soñar que si no hubiese un mañana

amarte hoy con originalidad.

Soñar para seguir soñando.

No pertenecer a nada

ni a nadie, más que a tu piel

a tus muecas o gestos

cuando en tus caricias me convierto.

Como un hilo de seda que borda los sentimientos

como el olor de los pinos después de hacer el amor.

Como un batallón son tus abrazos, sin balas, para mi corazón.

Soñar para seguir admirando

a quien te hizo soñar

que la vida no está escrita

la tenemos que cambiar

como una obligación de no destrucción.

Como un dictado me adicto a tus labios.

Como un impuesto sobre tu valor añadido

declaro que te amo, porque me haces soñar.

9. Dolor.

Quizá por escribir y disfrutar de este momento

me van a faltar años de vida y horas de sueño.

Cuando observo, a tus ojos leer lo que escribo.

Tus dedos comienzan a acariciar mi cuello.

Tus pechos rozan mi espalda.

Tus pezones crecen como una flor de calabaza.

Uno de los rizos de tu pelo cae sobre la tecla y…

Y me arrepiento de mi primer pensamiento.

Ayer tuviste un sueño.

Nadabas en las olas de las sabanas

como una sirena sin la odisea de la aflicción.

Te observaba admirado, de repente te giraste.

Abriste los parpados, mientras cerraba los míos.

Sentí que regresabas de un mundo de suplicio y desconsuelo.

Tu pierna, se posó en la mía, como una mariposa.

Un pequeño gran vuelo que estremeció mi cuerpo.

Demasiado tiempo sin tu calidez.

Sentí el acorde de una guitarra

tocar lo más profundo de mi interior.

Volvía a sonar la melodía de nuestro amor.

Cuando la hortensia florece de nuevo

comienza la naturaleza a tejer su verde.

Como una enredadera que crece

por los senderos de mi mente.

Reflexionaba que si alguna vez perdías la delicia

no existiría un dios que te perdonaría.

Ya puedes descansar sin ese pesar

no hay quejidos en tu respirar.

Eres una ser humana recién parida

que está a punto, de partir de nuevo.

De nuevo hacía la vida.

Ahora quisiera ser como un colibrí berilo

para volar hasta la flor de Bach

y en sus hojas rojas, poseerte en el brote de la sinrazón.

El suplicio era como una traición de amor.

Éramos como el paisaje de esa fotografía.

Las dos ramas torcidas en medio.

Delante la esperanza

la puesta de sol

el horizonte despejado
y el cielo azulado.
En medio los malos momentos
el océano con el matiz del color gris
y la sombra de un viejo barco
sin pasajeros ni tripulación.
Atrás el pasado
el color negro
la oscuridad de la noche
de la que nunca podemos escapar.
A los lados el vacío
la vida que pasa de largo
y las aves vuelan sin destino.
Era como un Chapulín quemado
por la energía de tu tormento.
Ahora dame un abrazo
que te prometo que
el titanio de mi codo
prefiere arrimar la educación
con la imaginación
a favor de la libertad
contra la aflicción.

No vale ser una medusa

en estos tiempos que corren.

A las picaduras que tengo

en mi piel

en mi mente

te pueden asociar.

No puedes escribir esto.

Declárate culpable.

Culpable de no querer sentir.

Que existe un mal no deseable

que es el dolor físico no soportable.

10. Ver lo que nadie ve.

Veo a la luna borrar las estrellas

y el sol escalar hasta el infierno.

Veo un arco iris con forma de pezón

y la mar nadar al ver a sus peces volar.

Y entre todo esto, siento tu amor

que entra por mis ojos

me hace ver lo que nadie ve.

Me hace sentir lo que nadie es capaz

de percibir que tengo universos en mi

que explotan para ti.

Veo palabras fotografiar paisajes

y cuadros fabricar pinceles.

Veo a la música escuchar tu poesía

y a la tristeza llorar de alegría.

Y entre todo esto, veo tu arte al amar

con la grandeza de tu humildad

eclipsas con tu simpatía mi mirada.

Me haces ver lo que nadie ve

me haces sentir lo que nadie puede sentir.

Que tengo dentro de mí

talentos ocultos que se desbordan ante ti.

Veo un libro que lee tu piel

y un perfume que huele tu sed.

Veo una voz que escucha tu ternura

y una melancolía que seduce tu hermosura.

Y entre todo esto, te veo entre la gente

te sientes como ellos, pero eres diferente.

Me haces ver lo que nadie ve.

Me haces sentir lo que nadie puede sentir.

Que dentro de mí, tengo mundos que estallan para ti.

Veo el aire entrar en mi respiración

y huir al no sentirse tan puro como tu amor.

Veo la felicidad surcando por mis varices

al reconocer tus emociones en mis raíces.

Veo un avión que nunca se estrellará

si le cantas con amor toda tu fidelidad.

Veo a la censura claudicar

ante tu desnudez tan sensual.

Veo el sufrimiento tejer la felicidad

y las neuronas saturadas de alegría.

Veo la ropa destejerse con tu creatividad

y el paraíso enredarse en tu humanidad.

Y entre todo esto, veo tu corazón palpitar.

Me hace ver lo que nadie ve.

Me haces sentir lo que nunca nadie me hizo transmitir.

Vuelan, hacia el pan de tu amor, las palomas de mi corazón.

Veo el negro sobre el blanco

y la duda sobre la razón.

Veo la muerte nutrirse de la vida

y una hormiga plantando muros en el asfalto.

Entre todo esto, veo tu sensibilidad al amar.

Me haces ver lo que nadie ve.

Me haces sentir lo que nunca nadie

pudo sentir dentro de mí.

Un volcán de soledad, lava mis gritos

y comprenderás porque te necesito.

Veo una bruja arreglando una avería

y un lápiz afilando la educación.

Veo la cordura en tu locura

y las leyes condenadas a ser naturaleza.

Y entre todo esto, veo tu forma de amar.

Por encima de las necesidades ocultas de la gente

me haces ver lo que nadie ve.

Me haces sentir lo que nadie se atrevió a sentir

explorar tu corazón con osadía

para descubrir que es mi taller de artesanía

y mi hogar para amarte cada día.

Veo las horas teniendo sexo con los días

y los minutos celosos por no tener segundos.

Veo los meses sazonar los años

y el calendario distraído por los siglos.

Y entre todo esto, veo tu silueta a contraluz

me haces ver lo que nadie ve

me hace sentir lo que a nadie le interesó sentir.

Acarician los latidos de mi corazón

todos los sentimientos de tu amor.

11. Emociones.

Al amor que me das, me debo.
A la emoción de tu pasión, me entrego.
Al ritmo de tus besos sinceros, me muevo.
Eres un lujo para mi alma
y un acierto para mi corazón.
Aire perfumado de amor
eres para mí respiración.
Eres una flor que nació de un sentimiento.
De un sentimiento de amor.
Ahora entiendo porque cuanto más me acerco a la luna
más siento la fuerza de tu ternura.
Deseo proteger tus miedos
e invadir tu alma.
Para conquistar contigo tus sueños
plantaré en tu corazón
una vida sencilla y sin prisas
volverás a ser la niña que ansías.
Quizá somos dos líneas rectas
un símbolo, que une la piel
sin espacio para no ser felices.

En este viaje que es la vida
de compartir emociones.
Cuanto más me alejo de la luna
más extraño la timidez de tu ternura.
Emociones para siempre compartidas
dentro de un amor no previsto
pero grande como un sueño nunca conquistado.
Condenados a entendernos para no sufrir
el mal de altura de otros besos y abrazos.
De otros amores sin emociones.
En cualquier momento mis labios
pueden besar tus labios
ya han sellado mi pasado.
Porque cuanto más acerco a la luna
más siento el poder de tu ternura.
Cuando tus ojos se cierren
y no puedas dormir
por estar triste o deprimida.
Cuando tu mente no pueda parar de pensar
imagina lo que deseas y emociónate.
Te quedarás dormida por un momento.
Despertarás con el frio sol de la mañana.

Tus pies se subirán a mis pies descalzos
a bailar y observar la lluvia intensa del mediodía.
En la tarde, el reposo del café de la sabiduría.
La complicidad de las miradas
de los besos que prenden la llama
de la tormenta en la noche.
La calentura se desborda
ante el horizonte en calma.
Así serán siempre tus años
hasta que un buen día
vuelvas a ser la niña que ansías.
Cuanto más me alejo de la luna
más extraño el poder de tu ternura.
Y vuelo y vuelvo.
Al llegar, el terremoto de tu silencio
las lluvias torrenciales de tus lágrimas
el huracán de la paz de tus enojos
son más importantes, que los enfados
absurdos sobre mis antojos.
Emociones, vivencias, chispitas de felicidad
para volver a luchar en contra
de la hija de puta rutina de la enfermedad.

¿Por qué cuanto más me alejo de la luna
más extraño la luz de tu ternura?
No te dejaré ir al cielo
tampoco al infierno.
A la mar, solo un momento eterno
para en cada ola poder encontrarnos
y juntos de la mano recordar el misterio
de cuando cayeron las hojas
sobre nuestros pies descalzos.

12. Cuando las hojas caen sobre mis pies descalzos.

Cuando las hojas caen sobre mis pies descalzos
camino sola hacia mi destino
el mañana para mí nunca ha existido.
Disfruto de mi presente
y lucho contra mi pasado.
Cuando las hojas caen sobre mis pies descalzos
el otoño me viene a visitar.
Mis prisas, nunca terminan de acabar.
Me desahogo y comienzo a llorar.
La tristeza parece que nunca termina.
Pero vuelves y debajo de un árbol nos sentamos

me refugio en tus brazos
y me besas con tanto amor.
Un poema tuyo me empiezas a recitar
y mientras me quitas mis negros zapatos
las hojas caen sobre mis pies descalzos.
Con la mirada te subscribo, a mi necesidad, de que me ames.
Para que cuando te vayas, no creas en nada
ni en nadie, solo en mi corazón, que te ama.
Cuando las hojas caen sobre mis pies descalzos
te aprieto la mano y no me siento vulnerable.
Paseamos juntos por el circuito cerebral del amor.
Te comparto de mi boca un helado
y luego con el rojo carmín
que mis labios, dejaron en tus labios
me sonríes, me sueltas de la mano
te marchas y vuelves a tu destino.
El mañana para mí nunca ha existido
disfruto de mi presente
y lucho contra mi pasado.
Cuando te vas las hojas caen sobre mis pies descalzos.
Y vuelvo sola a los sueños de mi arenal.
Pienso, cuanto tiempo caminando

derribando muros tradicionales

para que otro hombre venga a decepcionarme.

Me enfadas más no me detengo

sigo haciendo mi camino

mi corazón me lo exige.

Nadie es dueño de mi destino

y aunque sé que no crees en nada

ni en nadie, solo en mi corazón, que te ama.

Quiero que sigas compartiendo conmigo

tus proyectos, tus momentos, tu amor no rutinario.

Cuando las hojas caen sobre mis pies descalzos.

Mi vida sigue hacia su destino

el mañana para mí nunca ha existido.

Disfruto de mi presente

y lucho contra mi pasado.

Cuando las hojas caen sobre mis pies descalzos

no espero sentada, a que por mí hagas nada.

Me entregué a una causa perdida.

Me fui a donde nadie quiere ir

y el destino me ha tratado así.

Cuando las hojas caen sobre mis pies descalzos

te aprieto de la mano y caminamos juntos

por el circuito cerebral del amor.

Un alumno mío, te enseña a escribir en español.

Me observas, no te concentras

y tu mirada me avergüenza.

Intrépida y pasional, del rigor hice mi camino

mi vida, mi esfuerzo nunca reconocido.

Dar vida, entre la vida, marchita de la tradición.

En un mundo machista todavía resisto.

Me ayudas a caminar entre tanta represión

aunque a veces considero que tu buena intención

es como una agresión.

Te sigo extrañando tanto.

Cuando las hojas del libro

que escribiste en mi vida

caen sobre mis pies descalzos.

Voy a huir porque siempre me van a querer condicionar.

13. Lúa.

Luna compañera auténtica de los que aman viajar.

Dime si dudarías en visitar a tu hombre el sol

para hacerle el amor y que los humanos tengan un eclipse de ilusión.

Luna amiga de los que no pueden dormir

y de los que admiran tu belleza.

Después de que el sol te haga el amor
florecerá de nuevo la ilusión.
Si te asomas al balcón
de las parejas que se entregan a la pasión.
Te aullaran sus gemidos, los susurros de su amor.
Admiraran tu resplandor
contemplaran tu belleza.
Sin el poder de Dios
y antes de que se ponga el sol.
Crearan sus nidos de amor
donde florezcan libres afroditas.
Luna amiga y compañera de la noche
viajera eterna, amante de la oscuridad.
Hazme un pequeño favor
dales tu cara oculta
para que vean un mundo mejor.
Que para aprender a arrodillarse
no hace falta que te pongas menguante
tampoco en cuarto creciente.
Te quiero llena para poder transgredir
a los que ordenan, usted aguante
ya vendrán tiempos mejores.

Es mejor, es preciso, no aguantar
aunque igual no podrás disfrutar
de venideras primaveras en libertad.
Luna desde que me quisiste besar nueva
has estado hechizando a los que hacen daño.
Nunca a otros, siempre a sí mismos.
Con tanta mentira, la piel cubre de tinta
las heridas no curadas
por las cicatrices de la ignorancia.
Luna te tatué en mi corazón
para imaginar que puedes
hacer un mundo mejor.
Luna tristona, sin tu sol.
Quiero hacerte llorar.
Para huir a tu lado
a tu mar de lluvias.
A crear con cada gota
de tus lágrimas
esperanzas para los que sufren dolor.
Ilusiones para los abandonados al abandono.
Amor para los que sufren por ser abandonados.
Paz para que los que se dejan ir, a donde nadie les llama.

Fortaleza para los que pasan hambre.

También para los hambrientos

que hacen, que la vida

continuamente se rompa.

Lúa mágica te desnudé

para pintarte un corazón gigante.

Ahora tu reflejo en la mar

resulta delirante.

En tus cráteres escribí solidaridad.

En tu mar de la serenidad

no hay que olvidar

una ola que se llama oportunidad.

Aprender a nadar sobre ella para no naufragar.

No tragues... ¡sal!

Vete de ahí, no seas clasificado

mucho menos calificado

para no ser encasillado.

Viaja conmigo

creando murales lunares

en tu imaginación.

14. Lo tienes todo.

Tienes una virtud bordada en tu cabello.

Tienes todavía la piel de la adolescencia

que hace erizar mi vello

hacia tu adherencia

sintiendo mi dependencia.

Tienes el alma para ser acariciada

tienes la voz de besos de amapola

que tu dulce boca perfumada

a mi corazón alborota y te abrazo

para que sientas que no estás sola.

Tienes en tus ojos el marrón de mi vida.

Tienes las piernas más pecadoras

para tener a mi mirada sometida

al acto reflejo de mis manos transgresoras

tocar tus areolas tan provocadoras

y sentir tu aureola tan arrulladora.

Tienes la dulzura más melosa

tienes el corazón latiendo contra los fracasos

de la educación más vergonzosa.

Tienes la libertad de pintar mis pasos

en dirección opuesta hacia el retraso

de la injusticia más avariciosa.

Tienes la desesperación en la necedad.

Tienes el sacrificio arraigado en tus valores.

Tienes en tus manos el poder de la sabiduría.

Tienes el corazón más humanista

para declararte doblemente en rebeldía

contra mi negación a ser tradicionalista.

Te encabronas, exiges tu lejanía

Perdóname pero para ubicarte se necesita gallardía.

Lo tienes todo, menos tu contagiosa impaciencia.

15. Por los andadores de San Cristóbal.

No te vayas le dijo la musa.

Adormecida con su corazón en sus brazos

lo acarició con sus bellas manos.

Por el dolor causado, se desangró por dentro

la abrazó y renunció al sueño.

Imaginó que el silencio, era parte del sufrimiento

o era parte de disfrutar del momento

de sentir amor puro y auténtico.

Como cuando paseaban juntos de la mano

por los andadores de San Cristóbal.

Donde hay de todo y donde no hay nada.

Hay un fotógrafo que a cada instante
con sus ojos la fotografía inesperada.
Hay un poeta en cada andador que
le escribe sus mejores versos de amor.
Hay un músico que siempre le canta
para querer llamar su atención.
Hay un ser humano que la ama
y caminando de la mano la lleva
a cualquier lugar donde poder hacer el amor.
Hay un marino navegando al abordaje de la vida.
Hay un abrazo cálido cuando llega el dolor
de dejar al amor en puerto conocido.
Quédate conmigo le dijo la musa.
Recién despertó, ella le acarició la piel.
Él de forma tan desigual la besó
que empezó a llover incienso sobre sus ojos.
Sus oídos no escucharon sus intensos gemidos.
Él al ver sus lágrimas, correr por sus manos
se convenció que caminar a su lado
por los andadores de San Cristóbal
lo convirtió en un niño que deseaba amar
a la maestra que una vez le enseñó

a ser el adulto, que nunca imaginó.

Él era feliz dibujando lienzos de poesía

en la pizarra sin pautas de su corazón.

Por los andadores de San Cristóbal

hay un payaso que cuando camina enfadada

altera su sonrisa dibujando corazones de amapolas.

Hay un esclavo que se rinde ante ella.

Hay un médico que no se rinde

cuando lo despierta con luces rojas

en el corazón y amarillas en las venas.

Diciéndole, házmelo o me lo hago sola.

Por los andadores de San Cristóbal

hay noches de tanto amor

Tardes de miseria y paz.

Mañanas que no hay ni frío ni calor.

Días en que la luz se borra

para ver a una musa pasear con una pirámide de pasión.

Capaz de desear tanto y querer abarcar todo el amor

que la envidia la odió y él la amó sin más razón...

Por los andadores de San Cristóbal.

Ella es una república, bella y libre

y él como un viajero sin viaje

la sigue a todas partes
por los andadores de San Cristóbal.
Hay mil sombras y mil colores.
Hay tanto y tan poco, que suman el todo.
Hay un segundo que vale más que toda una vida.
Hay terrazas, noches bohemias
y niños que tienen hambre.
Hay adultos que desean volver a ser niños.
Hay sentimientos de querer congelar la vida
y amar lo que en ese preciso momento se siente.
Hay muchos deseos de libertad, de imaginación
de democracia, de creatividad, de superación.
Hay tantos sueños rotos
que después de hacerse el amor
en ese hotel sin nombre
ella tuvo que rezar a la virgen de Guadalupe.
Mientras él caminaba despacio
por el andador guadalupano
rumbo al aeropuerto.
Con la tristeza compartida
de tener que volver cada uno a sus vidas.

16. La creatividad.

La poesía es desnudarme por dentro

para poder alzar tu cínico enamoramiento.

La fotografía es desnudarte a ti

para descubrir que permanecerá en mí.

La música es el nexo que

compone tus sentimientos con los míos.

El cine es el anexo que esbozos filman

tus ojos para hacer mi vida de película.

El amor es la conjunción que

nos hace amar con inmadura creatividad.

En mi paraíso

para ser original

necesito tu emotividad.

La Pintura es mi virginidad

perdida en tu insensata sabiduría.

La escultura fue mi estatua parlante

en la danza de tus pies.

La libertad para ti, era hacer lo que querías.

La mía era entregarme a ti, sin ninguna filosofía.

La arquitectura es proyectar y diseñar

pero tu cuerpo es perfecto

no lo puedo retocar.

El amor es la conjunción que

nos hace amar con inmadura creatividad.

En mi paraíso

para ser original

necesito tu efusividad.

La imaginación es irse a dormir y

determinar que mañana nada puede ser igual.

Como nada es igual desde

que me enseñaste a soñar.

Las matemáticas explican que

El orden no altera al producto

y no afecta al resultado.

Tú sabes que soy ese producto que

siempre anda afectado por temor al resultado.

La Reacción ante la acción

es mi física solidaria en

la química de tus acciones

se fusionaron todas nuestras emociones.

El amor es la conjunción que

nos hace amar con inmadura creatividad.

En mi paraíso

para ser original

necesito tu afectividad.

La naturaleza comenzó a florecer en

mi responsabilidad, gracias a tu solidaridad.

La sensación de haber sido

perfeccionado en tus firmes manos

no me la puedes arrebatar.

Sin cambiar al original

mi forma de ser

la has pretendido maximizar

lo has conseguido y

ahora en tu corazón

ya me puedo mimetizar.

La vida es un refugio basado

en una verdad y muchas mentiras.

De las cuales siempre

me he querido separar.

Para unirme a tu honestidad.

El amor es la conjunción que

nos hace amar con inmadura creatividad.

Para residir en nuestro paraíso

más te vale no defraudar.

La pobreza es una lacra
de la que nadie se quiere responsabilizar.
Prohibidas parecen estar tus maneras
de querer cambiar los pecados
de la maldita insensata irresponsabilidad.
Los periódicos y los informativos
nos muestran la cruda irrealidad.
Un peaje a cobrar
para no hacerte pensar.
Para que lo injusto
puedas digerirlo con normalidad.
Los derechos humanos deberían ser impuestos a
pagar sin el IVA de la mediocridad.
El olvido es olvidar que
por encima de los poderes
están los nuestros de amarnos
para poder huir en libertad.
El amor es la conjunción que
nos hace querer amar con humanidad.
En nuestro paraíso
para residir no
nos hace falta

la falsa originalidad.

Solo aprender a

amar con creatividad.

La creatividad es inversamente proporcional a la edad.

17. Tu amor creó mi nuevo mundo interior.

Cuando decidimos conocernos

su amor me volvió diferente.

Vino a verme desde muy lejos

y fui a buscarla, matando mis nervios.

Esperaba en barajas su llegada

me eternicé, pensando en reconocerla.

Se abrieron las puertas

y cogida de la mano

de la tranquilidad la vi llegar.

Nos miramos por primera vez

y nos sorprendió la complicidad.

Nos besamos por segunda vez

y algo dentro de mi nació.

Su amor parió a mi nuevo mundo interior.

Le regalé mi corazón

lo guardó en una caja fuerte

que solo ella sabe la combinación.

Si siete días tiene una semana

seis hicimos el amor.

El séptimo también pero

tenía que partir.

Detrás de ella, me fui

con el alma desconsolada

por las lágrimas de regresar

a su vida sin mí.

Nada volvió a ser igual.

Empezamos a extrañar

mirarnos, reír juntos de la mano.

Acariciarle la cara

cuando le digo que la amo.

Su amor inspiró a mi nuevo mundo interior.

Donde un rebelde con causa murió.

Y resucitó a un niño que

entre el oleaje nadó

para llegar junto a

su sirena amada

y transformar su vida

en un cuento de amor.

Como una nube que

vuelve y desaparece.

Volvió a salir de nuevo

nuestro sol en Madrid.

En Fuencarral empezó a

convencerme de que debería viajar.

En Tribunal me aclaró un concepto:

¡Tú puedes pero no quieres!

A debatir y a beber Estrella Galicia

me la llevé a la Gran Vía.

Antes en El Retiro me abrazó

con cierto tono amenazante.

En Chueca surgió lo delirante

me besó con tal provocación

que acabamos en la Puerta del Sol

comprando un billete de avión.

Por el bien de los dos en La Latina

acabamos haciendo el amor.

Su amor inventó mi nuevo mundo interior.

Me llevó a conocer su mundo

que era mi mundo soñado.

Me besó en el descenso de un rio.

En el ascenso acaricié sus rizos.

E hicimos el amor a contra corriente

de los remolinos de la pasión.

Su amor fundó mi nuevo mundo interior.

Escaló mi montaña para clavar

en la cima de mi corazón su bandera

que cada día que amanece

su aire puro la eleva.

Lloré como hombre al darme cuenta

el tiempo que gané al estar a su lado.

Entre las olas

escuché su melodía.

Cuando llegué a su orilla

sintió mi sinfonía.

En nuestra arena

las conchas siempre dibujan

una perfecta fotografía.

Mi isla se encontró con su isla

mis fronteras se abrieron a su armonía

en las noticias informaron

que se había creado

una nueva península

que se llama tu amor.

Tu amor compuso a mi nuevo mundo interior.

18. Desaprendiendo.

Desaprendiendo por la vida voy.

Saturado de ilusión

viajando sin prisas

hasta el frio norte

de tu tímido corazón.

Fotografiando a tus pequeños dramas

de tener siempre la razón.

Te daré a conocer mis sentimientos

desde la A hasta la Z.

Te entregaré mi amor

desde diez al infinito.

Te ofreceré pasión

desde mi desconsuelo

hasta mi temor.

Te daré todo.

Desde todo el amor

que llevo mar adentro

hasta lo más hondo

de tu intrépido corazón.

Desaprendiendo por la vida voy.

Repleto de imaginación

viajando sin premuras

hasta el incendiario sur

de tu ardiente corazón.

Fotografiando tus ocultos pensamientos

interpreto en cada secreto

un intrépido personaje diferente.

¿Por qué no puedo

ser el mismo siempre?

Desaprendo lo aprendido.

Reprimiendo lo establecido.

Aprendo lo aprehendido.

Te dedicaré todos mis sentimientos humanistas

desde la A hasta la Z.

Te compartiré mi amor

desde cero al finito.

Te brindaré pasión

desde mi entrega

hasta mi deseo.

Te quiero donar todo.

Desde todo el amor

que llevo tierra adentro

hasta lo más hondo

de tu bohemio corazón.

Desaprendiendo por la vida voy.

Deshabitado de razón

viajando sin presuras

hasta el ambiguo este

de tu equívoco corazón.

Con ninguna falsedad

cocinaré sin ortigas

los deseos que

nadie te deseó.

Te iniciaré a conocer mis sentimientos

desde la A hasta la Z.

Te regalaré mi amor

desde diez al infinitivo.

Te ofrendaré pasión

desde mi ardor

hasta mi pavor.

Te daré todo.

Desde todo el amor

que nace hacia dentro

hasta lo más hondo
de tu intrépido corazón.
Desaprendiendo por la vida voy.
Incrédulo de ilusión
Viajando sin apuros
hasta el pacífico oeste
de tu tierno corazón.
En la decadencia
de esta época
no me levantaré
con este levante.
Que llegó para
desnudarme los sentimientos.
Me levantaré porque
nunca estaré caído
ni permaneceré derrotado
solo viviré preocupado
de poder amarte.
Desaprendiendo por la vida voy.
Cansado de falsa ilusión
viajando directo al epicentro
de tu impaciente corazón.

Desaprendiendo por la vida voy

sin morfina para tu amor.

Aprehenderé a tener muchos yo

para que todos puedan conquistar

la inmensidad de tu corazón.

Desaprenderá mi vida si le prestarás atención.

19. Introspección.

Si crees en lo que contemplas.

Si admites lo que no ves.

Si afirmas que existe un dios

que tiene un poder sobrenatural único.

¿Por qué a veces no puedes

tener fe en mi modesta persona?

Te pones necia al pensar que

te olvido en el ignorante tintero.

Cierras los ojos y me sientes.

La primera vez que nos besamos

tú poseías fuego en el alma

yo exportaba poesías a tu corazón.

Después de tantos años no terminados

conoces más de mí que yo

en lo que pueda vivir anhelándote.
Soy un acróbata que peregrina despacio
por la cuerda de nuestro amor .
Tú y yo dos extremos unidos
por el deseo de los sentimientos.
Aunque nuestro destino es también incierto
confirmo que la vida al enamorarnos
jamás nos va a perdonar nada.
Piensas y sientes que estás sola
lloras y sonríes a la vez
desatiende los temores alza tu mano
observa mi vestigio en el cielo
y logra acariciar al circense acróbata
con la forma de nube corazón
que te lanza besos de amor.
Asimismo percibe cuando yo camino solo
siempre frágil como las delgadas líneas
de las palabras honestas que crea
mi imaginación vagabunda para tu odisea.
Cuando no estás conmigo experimento que
caigo a ti como un niño
en la red que me sostiene.

Aliméntame en el poderoso manantial perenne
cálmame y explícame esas cosas inefables
en las que yo no creo.
Duerme y no pienses en nada
llegamos a la vida para sentir
no para suponer pensamientos en demasía.
No aceptes que la vida insuficiente
puede matarte ni que la muerte
indolora puede curarte del dolor inerte.
Si soldamos y encadenamos nuestras mentes
vas a sentirte una mujer dilecta.
Descose la traba de la distancia
déjame caer al vacío al abismo
de tu amor todavía por explorar.
Entiende que igualmente te percibo melancólica
cuando caminas sola con los sentimientos
de la tristeza pero no temas
escucha tu latir en mi corazón.
Piensa en que si logro escribir
una oración fanática para tu fervor
es porque te amo sin recelo
pues sé vencer a tu miedo

derrotar a tus monstruos sin convertirme

en ellos mitológicos irracionales del desconsuelo.

Comprende que en esta vida inmarcesible

lo más importarte son los sentimientos.

Imagina que podemos llegar a ser

dos acróbatas que descubren el amor

sobre la vírgula tenue de un dios

de cualquier religión de algún país

la armonía triste de la lejanía

que desenamora si aunáramos se rompería.

Eres la fuerza de los mares

de los ríos me guías incluso

donde el inicio y el final

habitan sentimientos en silencio y soledad.

Afirmo que tienes un poder ilimitado

que yo no lo he utilizado

para crear un mundo intrínseco solapado.

Amarte es vivir como un acróbata

me aleccionas a tener disciplina espiritual

para desvestir a la antónima verdad.

Infiero que no voy a ser

marinero de abrigo en puerto plañir

por no poseer a la ola

que quiere expulsarme a la orilla

de una existencia serena de amor.

Vuelvo a ti como un acróbata

que vaga sobre el hilo transparente

de nuestro amor a través de

los cielos sobre los grandes océanos.

Arribaré en tu ribera para permanecer

cautivo adorando tu espíritu contumaz más

esta pasión amor no cicatrizará jamás.

Mi piel llora cuando me hacen pagar un precio tan alto por mi debilidad (tú).

21. México eres vida.

Hasta ahorita mi México hermoso

después de tantos besos de despedida

con el sabor de un buen pozol

volver para no volver a irme

es lo que siento y deseo

ya que no hay nada mejor que…

para mi alegría que chupar un buen tequila

para mi mal que copear unos buenos tragos de mezcal

para mi dolor un masaje con mariguanol

para mi sed pica mango que refresca la calor
de la sopa caliente y del irritante sol .

Mi México desde el cielo te amo
mientras tomo un café orgánico
se combina con los sabores a chamoicano
a deliciosos tacos a frijoles refritos
a huevos de rancho con plátanos fritos
desayunando al compás del himno mexicano.

¡Viva México! y la gente que te alumbra
y te nutre con su sangre y sudor cada día
mi tierra soñada eres la vida recién parida.
México de mi amor, Chiapas es mi vocación
las marimbas rezan a dios y afinan su son
gelatinas de sabores, tunas, pumas y jaguares
semáforos para la venta ambulante, bolis y malabares.

Mi México para quererte
no me hace falta nada
disfrutar el momento en San Cristóbal de las casas
botanas, chicharrones, camarones con michelada
un paseo por los museos, un freapeado en ocozocualtla.

México me enamora tu gente, tu verde
que la cultura aprende, el arte no muere y la creatividad muerde.
La música, tus bailes, el cine en versión original
los aterrizajes, tus flores y tú siempre tan pasional.

México ahora que me alejo
tengo Ángeles en lugar de corazón
que me han devuelto la ilusión
que me han enseñado a nacer
yo que había nacido para perder.

México desde otra tierra te extraño
te compongo mi llanto, no me encuentro
porque no tengo jocotes, corona, tasajo, ni clamato
tampoco tus reclamos, ni tu beso maestro
ni tus caricias, tu mirada, tu encanto
nostálgico intento resolver el crucigrama
que dejaste en mi corazón enamorado.

México eres vida y corregiste la mía
eres alma, y mi pasión desenfrenada
después de mí preciosa amada.

La inspiración, el duende que siento

me atrevo a declarar y no miento

que se lo debo a mi hada chiapaneca

y a ti, a ti mi México azteca

perenne verde, blanco y rojo.

¡Viva México, Vivan los Mexicanos!

22. Pensamientos.

Pensamientos.

Yo. I.

Mi primer pensamiento siempre es amarte

pero la ansiedad de no tenerte

si me impide inspirar preciso improvisar

y a esta vida proponerle desencaminar.

Tú. II.

Mi segundo pensamiento siempre es cuidarte

aunque la condena de no tenerte

ajusticia mi felicidad y requiero considerar

que a esta muerte ofrecerle desertar.

Yo. III.

Tu tercer pensamiento siempre es odiarme

por la inquietud de no tenerme

y sin embargo temerosa me amas

en cambio con encanto me desamas.

Tú. IV.

Tu cuarto pensamiento siempre es banal

resides en una confusión tan mundanal

y mi pasión germinó para expirar

así que decidí paisajes indoloros mirar.

Tú y Yo.

Mirar que deslumbrante es la vida. -Tú

La vida son laberintos de despedida. –yo

Mirar que bonito es el mundo. – Tú

El mundo enferma mientras yo trasmundo. - Yo

Mirar que precioso es el universo. - Tú

Mi universo es escribirte estos versos. -yo

que recitan pensamientos de amor inversos

desesperada osadía de un espíritu introverso.

Tú. V.

Mi quinto pensamiento nunca es indiferencia

lo siento quisiera tener la incoherencia

para regresar a ti sin resentimientos

pero jamás desmiento a mis pensamientos.

Yo. VI.

Mi sexto pensamiento es una duda

para convivir la perversa noche desnuda

sin el placer de tu sexualidad

o dormir para redimir la realidad.

Ella. VII.

Su séptimo pensamiento siempre es pasión

que nunca es fugaz ni repentina

madre del fruto tardío que aglutina

el disentimiento que engendra la regresión.

Y cuanto menos pensaba mis pensamientos

se pensaran y volvieran al primero.

I. Yo.

Allí donde la sumisión era insignificante.

Sin lógica deseaba poseer tu mente.

Tu amor de una manera inusual.

Para alcanzar el camino sin imaginar.

II. Tú.

Donde las cuatro estaciones eran cotidianas.

Como yo ansiaba con ilógica desearte.

El amor como ciencia de ensoñar.

Sin la bohemia perdición de amar.

III. Yo.
Ahí donde el odio era inerme.

Me tendrás sin heridas para herirme.

Entonces recelosa comienzas tus inexorables dramas.

Mientras remites la ausencia pensamientos declamas.

IV. Tú.
Me deseas para el goce carnal.

El clímax no inicia al final.

Pues el amor claudicó de respirar.

Mientras dos colibríes vencen mi suspirar.

V. Tú.
Vencer a la vida mi esencia.

Y de amor no tengo carencia.

Me sostengo me amo me alejo.

Tu amor es un tenue reflejo.

VI. Yo.
La mentira de una verdad ayuda.

La soledad a mi sentimiento enviuda.

En la oscuridad dibujar mi fragilidad.

Era verdad cuando mintió la dualidad.

VII. Ella.

Por ti por dios por compasión.

Su amor por mi esperanza latina.

En sus sentimientos la paz domina.

Al tiempo que detuvo su corazón.

Y te amé allá donde amabas.

Y te amó allí donde amaste.

Y si era odio fuese mortal.

Y si era amor fuera eterno.

Y no fue este nacer pasado.

Y no fue este morir futuro.

Y si la tristeza te invade

que no regresen los nostálgicos recuerdos

de navegar en los mares antiguos

sin las coplas de los pájaros

que huyen a la frontera pensamientos.

Pensamientos inversos donde eres mi enfermedad

mi rareza tan frágil y serena

como el mar cuando me orienta

soy paz, sosiego y bucólicos sentimientos.

Ahora que es tan sencillo amar

en el café de cualquier bar

corazones de derrota se pueden dibujar

dibujo el mío en el altar

de las ramas de un pinar.

Nuestros problemas son creados por los pensamientos, por lo tanto, pueden ser resueltos por la mente.

Printed by Books on Demand GmbH, Norderstedt / Germany